AF244820

ESSAI RAPIDE

SUR LA

PAIX PROCHAINE

DE LA FRANCE

AVEC SES ENNEMIS.

A PARIS,

Année 1796.

INTRODUCTION.

Après une Révolution, qui pour le bonheur et le repos de l'humanité, n'eut, et ne servira jamais de modèle, on paroît enfin toucher à une paix générale, dont l'épuisement des partis, et les triomphes multipliés des Armées Françaises sur le continent, semblent rapprocher chaque jour le moment trop tardif. Quelles peuvent être les conditions de cette paix, quelle en pourra être la durée ? C'est sur quoi on va hazarder quelques idées dont l'avenir peut-être démontrera autant la justesse, qu'elle se fera peu sentir aujourd'hui à ceux, qui jettés depuis sept ans dans le tourbillon révolutionnaire, ont, en quelque sorte, perdu la faculté de raisonner et de voir avec le calme et l'impartialité que commandent des intérêts aussi compliqués, et d'une importance si grave, qu'on ne craint pas d'avancer, que bien que la victoire ait fait reconnoître le drapeau tricolor, il ne brillera qu'autant qu'il sera planté, si l'on peut s'exprimer ainsi, sur les bases d'un traité dicté par la sagesse, la modération, et à la satisfaction réciproque des parties contractantes. Pour peu que l'on s'écarte de ces principes, et que l'ivresse des succès veuille indigestement régler la prospérité de la France, il est à craindre qu'elle ne jouisse pas long-tems d'un repos que son gouvernement, peut, et doit affermir, et qu'à l'époque d'une rupture éventuelle, la lassitude intérieure, le souvenir de maux inouïs,

et l'impossibilité présumée des ressources réqui-
sitionnaires en tous genres, ne le forcent d'aban-
donner alors ce qu'une sage prévoyance peut l'empêcher de retenir aujourd'hui. Songez-y bien, gou-
vernans ; si votre prudente perspicacité ne détruit à l'avance tous les germes de discorde ;
si le calme des passions n'imprime à la confec-
tion de votre traité de paix un caractère de grandeur et de désintéressement, digne de la valeur
des soldats par qui se fondra la république ; si
vous voulez que l'Europe, dont notre barbarie nous
rendit la honte et l'effroi vous rappelle à sa considération ; si vous voulez élever un cénotaphe
religieux et expiatoire aux vertueuses et innombra-
bles victimes que moissonna la rage sanguinaire
d'une faction de législateurs forcenés, parmi lesquels vous siégeâtes ; si vous voulez enfin que leurs
mânes appaisés cessent de vous reprocher du fond
de leurs tombeaux votre homicide foiblesse, pro-
curez à la France une paix, qui par l'adapte-
ment heureux des différentes pièces à fournir par
chaque co-contractant, donne à votre édifice une
solidité durable, qui n'exige pour tout entretien
que des rapports actifs et vivifians de commerce et
d'harmonie politique ; faites que sous l'égide des
loix, et par l'influence salutaire des arts et de
l'industrie se répare cette incalculable déperdi-
tion d'hommes qu'entraîna la révolution ; faites
enfin que par la *forte et scrupuleuse* observance
de la constitution, s'éteignent ces esprits de parti
qui désunissent les citoyens entr'eux, et font que
sur quelques-uns de ses points, la France paroît
être plutôt encore l'asyle de hordes de sauvages,

assassins, que celui d'un peuple policé admis aux bienfaits du pacte social ; ne souffrez pas qu'il lui soit fait le moindre outrage, car de l'insulte on passe au mépris, du mépris à l'anarchie, de l'anarchie à l'anéantissement, de nouveaux troubles, de nouveaux combats, donneroient la mort à la république, et peut-être votre chûte seroit-elle le signal de la sienne.

ESSAI RAPIDE

SUR LA

PAIX PROCHAINE

DE LA FRANCE

AVEC SES ENNEMIS.

De toutes les puissances coalisées contre la France, le roi de Prusse est le premier qui en ayant eu un moment les destinées entre les mains a fait sa paix particuliere avec elle ; graces aux insinuations du cabinet de Pétersbourg, et à des négociations que paroît expliquer suffisamment sa paisible retraite de Verdun en Allemagne. Son abruption du traité de Pilnitz, dont le duc de Brunswick sanctionna la ridicule rodomontade par des manifestes plus ridicules encore , le rendit donc fondateur indirect d'une république contre laquelle s'étoit élevée d'abord la reconnoissance qu'il croyoit devoir à la maison de Bourbon, pour avoir puissamment contribué en 1700 à faire des anciens marquis

de Brandebourg, de nouveaux rois de Prusse.
Il voulait raffermir une couronne à qui il devoit la sienne ; mais par des combinaisons
subséquemment philosophiques , *dont les Rois
n'atteignent pas toujours l'utile élévation* , et
pour des causes que développera l'avenir ;
il aima mieux rompre tout-à-coup avec ses
alliés que de lutter davantage contre le cri
d'une partie de la France , qui, avec raison,
lui dressoit des autels à Paris, tandis que le
ressentiment de la cour de Vienne agitoit la
question de le citer au ban de l'Empire, comme
membre du Corps Germanique.

S'il peut être vrai que par la position géo-
graphique de ses états, le roi de Prusse soit
personnellement intéressé à l'abaissement de
la maison d'Autriche, il est évidemment faux,
quoi qu'en disent quelques grimes, en droit
public, qu'il ait eu autant de profondeur que
d'adresse de se faire une alliée de la répu-
publique française , au moment même qu'il
faisoit disparoître celle de Pologne du nombre
des puissances politiques de l'Europe. C'est
positivement contre ce second partage que
doit protester impérieusement la gloire du
nom Français, si, comme il est juste de le
croire , un des articles secrets du traité de
paix fait avec la Prusse ne lui garantit pas

la

la jouissance de cette révoltante usurpation,
ce qui seroit une déviation absurde et flétris-
sante des principes de la guerre actuelle. La
balance politique de l'Europe, les intérêts
bien entendus de la France, son incontestable supériorité, l'activité élémentaire de ses
armées, le besoin qu'elles se sont faites de
la victoire, et la prudente nécessité de ne
les licencier que progressivement ; tout sem-
ble présager la résurrection de cette mal-
heureuse Pologne ; ce miracle ne seroit qu'un
jeu pour des grenadiers français.

Les caresses récentes de *Catherine* au Divan
qu'elle méprise ; les offres d'amitié et de bon
voisinage auxquelles a bien voulu se prêter
son infléxible orgueil, ne sont incontestablement qu'une mesure de précaution, sug-
gérée par l'inquiétude, pour éviter, s'il se
peut, de la part des Turcs, une diversion
embarrassante en faveur des Polonais, au cas
que la France victorieuse pose pour base du
traité de paix qu'elle paroît être à la veille de
conclure avec l'Empereur, non-seulement
la restitution de ce qui lui est échu lors du
dernier partage de la Pologne, mais encore
son assistance pour forcer, par les armes, ses
co-partageans à la même restitution, s'ils re-
fusoient de la faire de bonne volonté, ce qui

pourroit arriver. Le froid que l'on sait exister entre les deux cours impériales ne permet pas de douter qu'alors François II, qui n'est pas plus content de Frédéric, ne s'unît très-sincèrement à la France pour arracher la Pologne à ses ruines, sur-tout si quelque juste dédommagement devoit être le prix de ses services.

Est-il plus avantageux au gouvernement français de conserver les pays conquis sur l'Empereur, que de récréer la Pologne, puissance de l'Europe, après lui avoir indiqué une constitution qui brise à jamais ses fers ? C'est de la solution de cette question importante, que paroît dépendre son sort, il ne peut être indifférent à la France. Ici non-seulement la négative coïncide avec les principes éternels de justice et d'humanité, mais encore avec ceux de désintéressement et de liberté qu'elle professa hautement, et qu'il est de sa générosité de maintenir dans toute leur intégrité. Quelle gloire pour une nation sensible et puissante, de s'entendre dire par-tout un peuple : » Vous nous donnâtes la vie po- » litique et morale, sans vous nous rougirions » encore de l'existence civile. O ! nos libéra- » teurs, partagez à jamais avec le ciel le culte » de notre reconnoissance ! «

Comme il n'est pas douteux que la coa-

lition des Français , des Turcs et des Autrichiens , secondée de l'insurrection intérieure
de la Pologne , où il est encore plus d'un
Kosiusko , ne triomphât aisément de la Prusse
et de la Russie réunies , la France après en
avoir fait reconnoître l'indépendance , pourroit donner un exemple éclatant de sa grandeur et de l'utilité de son alliance , en ne po-
sant les armes qu'après avoir procuré à l'Empereur une indemnité proportionnée à l'importance de ses services , la restitution de
la Silésie telle que la possédoit Marie-Thérese.
Ce seroit imposer un frein nécessaire à l'in-
satiable ambition de Frédéric Guillaume (1)
et dissiper à l'égard de François II , le seul
ennemi digne de la valeur des Français ,
des torts , que la France aujourd'hui plus

---

(1) Si le systéme *ouvertement envahisseur* de
la Prusse est de tout accorder à son intérêt personnel , celui de la France , pour qui parle l'exemple, doit être de n'accorder à son alliance avec
elle , qu'une confiance vigilante et circonspecte ; la
restitution forcée de la Silésie ne seroit donc pas
un acte de rigueur ou d'ingratitude à l'égard d'un
prince dont précédemment la conduite politique ,
il est vrai, concourut à l'érection de la république française, qui au demeurant , ne lui devroit
plus rien si pour la réintégration de la Pologne , elle
étoit obligée d'en venir à une rupture avec lui.

calme , et sous l'influence protectrice des lois , peut et doit avouer par respect même pour la dignité nationale. [1]

En supposant donc une rupture avec ces deux cours du Nord , la Porte, de tout tems notre alliée, à qui la marche politique et constante du cabinet de Pétersbourg pour former à Constantin , second petit-fils de l'ambitieuse Catherine , un vaste et nouvel empire vers l'Orient, doit faire craindre de se voir un jour réléguée en Asie , seroit essentiellement intéressée à développer, sous l'influence , peut-être même sous la direction immédiate des ministres, et généraux que vient d'y envoyer le gouvernement français, des forces imposantes pour concourir à tirer

[1] Ce seroit calomnier le premier peuple de l'univers, que de croire qu'il a donné son assentiment à la fin tragique de *Louis* et *d'Antoinette*. La faction monstrueuse qui métamorphosa la France en un vaste tombeau, et qui traça aux *Tiberes* à venir les épouvantables moyens d'un facile asservissement, sentit bien que par l'appel au peuple , proposé alors par une fraction vertueuse de l'assemblée , ses victimes lui échaperoient ; aussi se hâta-t-elle de les immoler , et devint-elle seule responsable à la postérité de n'avoir pas imité les Romains dans le jugement qu'ils porterent contre le dernier des Tarquins, comme on les a imités dans la nouvelle forme de gouvernement.

promptement la Pologne de l'anéantissement où d'orageuses circonstances ont contraint la France de la voir passivement plonger , mais avec la secrète résolution sans doute , de l'en faire sortir plus puissante et mieux constituée que jamais dans des tems plus prospères.

Un des plus sûrs moyens que pourrait employer la France pour rendre les Turcs redoutables aux Russes , et par conséquent nous en faire des alliés puissans et utiles au besoin, seroit de leur donner la tactique Européenne, en y envoyant des officiers et sous-officiers instruits de toutes les armes , et quelques soldats de bonne volonté. Par leur nombre et leur courage infailliblement ils s'affranchiroient bientôt et pour toujours de l'espèce d e dépendance où les retient la Russie et nous acquerrions par la suite sur la mer noire une prépondérance qu'arracha celle-ci par le traité de 1774. Traité conclu sous le ministère , mais contre les instructions positives de M. de S. P . . . . alors ambassadeur de France à Constantinople , dont il vendit sans pudeur les intérêts et les nôtres.

Ce n'est point un sophisme que d'avancer que de la réintégration des Polonais dépendent également le salut de l'Empire Ottoman et l'affermissement de la nouvelle République Française. Il ne suffit point que des législateurs établissent une forme de gouvernement qui leur paroît la meilleure pour le dedans ; il faut encore que s'identifiant dans leur sagesse , avec les futurs contingens , ils considèrent leur ouvrage sous les rapports de la morale , de la politique, et de la force au-dehors ; que par des combinaisons préventives ils rendent impossibles ou impuissans les efforts de leurs ennemis éventuels ; que des traités d'alliance et de commerce, garantis par des avantages respectifs , bien démontrés , étendent leur considération extérieure , hâtent le retour de l'abondance et de la tranquillité publique , étouffent les clameurs intestines que produit inévitablement le froissement des intérêts particuliers lors d'une régénération générale , et qu'enfin ils fassent oublier jusqu'aux abus peut-être nécessaires de leurs victoires , en traitant les vaincus avec la même générosité qu'ils auroient eu le droit de réclamer si le sort des armes leur avoit été contraire.

Les décrets impénétrables du destin , qui régle tout, peuvent quelquefois réduire un ennemi vaincu à la nécessité d'implorer la paix aux conditions mêmes que veut lui imposer le vainqueur ; plus elles sont humiliantes ou ruineuses , moins on doit croire à leur durée. Le peuple opprimé dévore alors son frein dans une sourde agitation, et prépare en silence toutes les ressources de l'éxaspération pour recouvrer ce que la victoire lui enleva ou le força de céder. Plus au contraire, elles sont modérées et acceptables , plus le vainqueur éternise sa gloire et consolide son repos. La paix , cette divinité tutélaire et dispensatrice de tous les biens dont la jouissance seule peut entretenir les charmes de la vie , habite alors long-tems sur la terre, et répand journellement à pleines mains les trésors qu'épuisèrent les passions et la politique pour la stérile moisson de quelques lauriers qu'arrosèrent de leur sang des milliers de citoyens.

La France a solemnellement déclaré à toute l'Europe qu'elle ne prenoit point les armes pour conquérir , mais pour protéger contre toute intervention la réforme de son gouvernement, et ensuite , par un enchaînement de causes surnaturelles, la forme de celui qu'elle s'est enfin donnée. En s'en tenant , *à quelques modifications près* , à cette déclaration , son triomphe est pur et complet ; la république est reconnue , admirée ; ses écarts sont oubliés : en la violant trop , elle ne fait qu'ajourner des haines collusives dont l'explosion finira par être fatale à sa liberté , après l'avoir fait rentrer dans le cercle révolutionnaire autour duquel elle doit être lasse de mouvoir. Cet événement est immanquable.

L'organisation départementale des Pays-Bas , de la Savoye , etc. , est cependant évidemment contraire à cette déclaration , et fait de la France un colosse de puissance territoriale dont les plus célèbres publicistes n'accordent point l'étendue à la constitution républicaine. La perception partielle de *l'emprunt forcé* , et autres impositions arriérées , au moment où leur rentrée est si nécessaire au sèrvice de l'état , démontreroit assez la difficulté , toujours renaissante , du rapprochement de tant de parties éparses, et nageant pour ainsi dire dans un Océan continental, si l'exemple , et leur autorité ne fermoient toute discussion à cet égard.

S'il est beau de savoir vaincre , il est encore plus glorieux de savoir être grand, La fortune a ses bornes ; vouloir aller au-delà , c'est s'exposer à de terribles revers.

Il est depuis long-temps reconnu, qu'excepté la maison d'Espagne, aucune des puissances

sances coalisées ne s'est réellement armée pour soutenir le trône chancelant du chef des Bourbons ; chacune avoit ses vues particulières ; cette dissidence n'a pas peu contribué aux prodigieux succès des Français.

L'Angleterre après s'être fait déclarer la guerre , dont pour des raisons politiques d'administration intérieure , elle provoqua l'initiative, devint , tout-à-coup , l'ame et le trésor de la coalition ; elle ne supprima même les subsides qu'elle donnait au roi de Prusse, que quand elle désespéra tout de son instable volonté. La crainte de voir propager , dans leurs états , sous la banniere de l'athéïsme , des principes désorganisateurs et subversifs de tout ordre social , que dans sa tumultuaire insurrection , la France vociféra avec effrénation , arma les uns ; l'ambition, l'espoir des conquêtes , et la vengeance , arma les autres : Louis et ses freres ne furent rien pour tous.

La prodigue Angleterre , sous l'économi que prétexte des dangers que courait le comte d'Artois , pour quinze-cens mille livres de ses lettres de change , envoyées , disait-on , de Paris à Londres , lui refusa l'entrée de son Isle , où il arriva sous le pavillon de l'Aigle Impériale de Russie. Pitt , crut

C

crut, par ce refus, venger convenablement la maison régnante de *Brunswick*, en Angleterre, de ce que Louis XIV, reçut et traita le dernier des Stuarts, avec les égards et la dignité dus au malheur ; de ce qu'il seconda ses inutiles efforts pour recouvrer ses états ; enfin de ce que la maison de Bourbon, bien moins encore que le despotisme de Pit, lui-même, contribua à séparer l'Amérique septentrionale de la mere-patrie. Est-ce-là, s'armer pour les Bourbons ? (1)

L'astucieuse Catherine qui, dérisoirement, accéda au traité de Pilnitz, qui promit tout à ses alliés imaginaires, et n'a jamais rien donné, que deux cens mille ducats, et quelques diamans, au comte d'Artois, quand il fut à Pétersbourg, au mois de Mars 1793, soit qu'il ignorât alors, qu'elle avait activement, mais inutilement intrigué à Paris, pour que le roi, son frere, n'obtînt pas *le veto*, soit qu'il crût, par sa présence, hâter des secours, promis, il est vrai, mais que jamais il ne fut dans ses desseins, ni ceux de son conseil d'état de fournir ; l'astucieuse Catherine s'est - elle armée pour les Bour-

---

(1) Depuis cette époque, le cabinet d'Angleterre ayant changé de dispositions, la capitale de l'Ecosse à été donnée pour asyle à ce prince.

bons ? Non ; elle reconnaîtra la France république, avec autant d'empressement qu'elle
aurait ressenti de déplaisir, si elle avait vu
l'ancienne dynastie de ses rois, se rasseoir
sur le trône, avec la plénitude de pouvoir
qui les y investit pendant des siècles. Catherine avait à se venger de la lenteur réfléchie, qu'apporta la France, à la recon-
naître Impératrice, après la fin tragique de
Pierre III., son époux, en 1762. A ses
yeux, l'ennemi d'un crime qui lui donnait
l'empire, était criminel. Sa violation du droit
des nations et des gens, à l'égard de l'ambassadeur de France, qu'alors elle fit mettre
sur les frontieres de ses états, avec une au-
dace sans exemple, fut le germe de la
haine qu'elle porta depuis à la maison de
Bourbon, que l'honnête et malheureux *La-
citardie*, son ministre à Pétersbourg, avait
ponctuellement servie, mais dont une dé-
fense de paraître à la cour de Versailles,
combla les humiliations, et récompensa sa
fidélité aux instructions qu'il en avait reçues.
Tel n'est que trop souvent le sort des gens
en place, dans tous les gouvernements ; l'in-
dividu n'est rien, l'intrigue, ou de fausses
considérations politiques, y disposent des fa-
veurs et des disgraces. Celui de France,

encore à son aurore , offre déjà plus d'un exemple de cette fâcheuse vérité ; il devrait donc s'en bien pénétrer , et ne jamais oublier que l'instabilité des principes d'administrations, et la mobilité des agens à qui l'on en confie l'exécution au-dehors , éloignent la confiance, provoquent l'indifférence , et faute de liaisons suffisantes, excluent enfin du *Jeu politique* des cabinets qu'il est essentiel de bien savoir , pour éviter de faire , tôt ou tard , les frais de la partie , faute d'y avoir été admis ; en la faisant ; au contraire , on en pénètre les secrets , on en combine les chances , on en analyse , on en prévient les résultats : pour cela , il faut que le personnel de ces agens , par l'heureuse amalgame des connaissances , de la finesse du tact , et des qualités de la sociabilité , deviennent intéressant aux représentans des autres puissances, qu'il en soit estimé , recherché , et qu'enfin ils accordent à la transcendance du mérite , ce qu'autrefois on accordait à la médiocrité , que relevaient la fortune et la naissance. De bons choix et de la permanence dans les postes diplomatiques , sont donc les seuls et faciles moyens que doit employer la France pour éviter le dangereux isolement de ses agens , dans les cours étrangères , autrement elle se verrait obligée de s'en tenir à ce qu'on appelle *la politique grossiere*, c'est-à-dire, celle qui se fonde sur une sorte de vérité ou de franchise, presque *brutale*, qui aurait pu convenir à des *Huns*, ou à des *Goths*, mais qui ne peut plus figurer avec les lumieres du siècle, la politesse des cours, la civilisation des peuples, et les progrès de l'art diplomatique.

L'Europe reconnaîtra le nouveau gouvernement français ; rien de plus incontestable : ses victoires ne permettraient pas d'hésitation, quand bien même les Bourbons lui inspireraient un véritable intérêt ; ce qui n'a jamais été. Sera-t-il glorieux, sa paix sera-t-elle durable ? c'est un problême sur lequel les mesures qu'on lui voit prendre élevent des nuages si épais, que loin de pouvoir s'occuper de son entiere solution, à peine reste-t-il un jour suffisant pour tracer quelques réflexions, dont plusieurs années de convulsions et de souffrances, paraissent avoir le droit exclusif de juger le dégré d'utilité qu'elles peuvent porter à la chose publique.

Ce serait bien mal connaître les hommes, que de penser que des traités dictés par la loi du plus fort, et rarement modérés, impriment à la puissance qui les souscrit, ces sentimens *d'amitié d'harmonie*, *de bon voisi-*

nage , etc. qui en sont la formule ordinaire.
On cède à la nécessité, mais la vengeance
veille , et n'attend , pour éclater, qu'une
occasion favorable. Par le traité de Versailles de 1763 , on démolit le port et les
fortifications de Dunkerque , comme elles
l'avaient été par celui *d'Utreckt* , en 1713.
Il fut même stipulé qu'il y résiderait un com-
missaire Anglais , pour surveiller cet insolent
trophé de ses victoires et de notre humilia-
tion. La cour et le peuple dévoraient ces
honteuses conditions ; mais il avait fallu se
plier à la fatalité des circonstances. Dès
qu'on l'a pu , on s'est vengé , et le com-
missaire Anglais, chassé, a été confirmer à sa
patrie le ressentiment des Français contre elle.

Il est , sans doute , de justes indemnités
auxquelles doit se soumettre un ennemi
vaincu ; mais il faut qu'elles aient des pro-
portions co-relatives à la sécurité du vainqueur , autrement celui-ci est obligé de rester dans un état de surveillance, inquiete e^t
coûteuse , peu propre à se concilier l'espri^t
et l'affection des peuples qu'elle comprime :
respecter leurs opinions religieuses et politiques, leurs usages, et les laisser tout en-
tiers à eux-mêmes , sont les faciles moyens
d'entretenir la paix , de dissiper les inimi-

tiés, et de multiplier les canaux d'abondance, dont sur un sol heureux et fertile, le flux et reflux précipité, est la source inépuisable de la prospérité générale.

En décrétant l'incorporation de la totalité des Pays-Bas Autrichiens à la France; ces législateurs, peut-être, ont été plus éblouis de la beauté de cette nouvelle acquisition, que prévoyans sur les révolutions qu'amenera infailliblement l'esprit remuant, dévot et insubordonné de ses peuples. Quiconque avance que c'est de leur plein assentiment que se fait leur réunion à la République Française, est trompeur ou trompé. Le Belge n'aime aucune domination, et il échappera tôt ou tard à celle que lui destine aujourd'hui le droit de conquête. Pour s'attacher les Brabançons, par les liens de l'amitié et du commerce, il faudrait les laisser s'ériger en république aristo - démocratique, comme ils ont déjà tenté de le faire, sous la protection immédiate de la France, à qui ils paieraient un subside annuel quelconque, et lui accorderaient, dans leurs ports, les priviléges nationaux. Le Brabançon aime ses nobles, ses prêtres, ses moines, ses couvens; si à cet égard ses affections sont erronées, les violer brusquement, c'est moins conviction que violence : c'est cependant ce que vient de préparer le rapport magique, fait derniérement au corps législatif, sur la suppression des établissemens religieux dans les départemens de la Belgique. Le brillant échaffaudage de ce chef-d'œuvre sophistique, met au grand jour les besoins du gouvernement, et l'in-connaissance du caractere moral du Belge, qui est encore fort éloigné de la conversion à l'espèce de religion naturelle, dont le rapporteur lui suppose la philosophique adoption. Ceux qui connaissent bien ce peuple, désespéreraient d'en faire encore de long-tems, des néophites français, quand on pourrait avoir oublié que *Joseph II* s'en aliéna à jamais le cœur, pour avoir imprudemment et précipitamment voulu porter la main à l'encensoir. Son successeur fut plus sage ; ces conquérans le sont-ils assez ?

Moins la France peut se dissimuler, que pendant quelque tems, au moins, ses relations politiques extérieures seront entravées par des partis nombreux, mécontens, et que par conséquent, ce ne sera que par la suite qu'elles acquerront la précision et la solidité qui doivent en être l'ame et le principe, plus il lui importe d'user de générosité avec les ennemis qui lui restent. Les traités qu'elle qu'elle a fait avec ceux qu'elle n'a plus , fussent - ils d'alliance offensive et défensive , il y aurait de l'imprudence à s'y fier sans réserve.

L'Espagne se ressouviendra long-tems du sacrifice inutile de son orgueil , en faveur du dernier roi des Français. Sa paix particuliere prouve bien qu'elle fut vaincue , mais ne prouve pas qu'elle aiderait efficacement à vaincre ceux de ses anciens alliés, qui , un jour à venir , voudraient essayer par de nouveaux combats, à réparer les pertes de leurs anciennes défaites.

L'Italie , subjuguée , fumante , ensanglantée , ruinée , et ramenée enfin à ces tems désastreux , où le féroce Atilla en fit un monceau de ruines ; l'Italie couvrira du voile épais de la dissimulation , le désespoir de ses maux , acceptera avec humilité , les conditions qu'on lui imposera , et remettra au tems et aux circonstances , le soin d'alléger le fardeau sous lequel fléchit déjà la honte de son impuissance.

Le Portugal, qui , par son éloignement , ou par sa politique , n'a pris qu'une bien légere part aux troubles de la France, fera sa paix avec elle , dès que celle-ci la lui offrira , soit directement , soit par la facile

médiation de l'Espagne. L'envoi de nou-
velles troupes en Italie , pour y forcer *Isa-
belle* , ne serait donc qu'un prétexte , et non
une nécessité , à moins que l'Espagne ne
consentît à la violation de son territoire ,
pour laisser les Français pénétrer en Portugal , et y lever des contributions qui peuvent s'obtenir par le traité de paix , sans
forcer une nouvelle alliée à une condescen-
dance , que lui défendent l'honneur et le
sang.

La Prusse , dont l'ambition sans bornes
peut devenir fatale à la France ; la Prusse,
qui cherche à se créer une armée navale ,
sous les auspices d'un ministère qui ne peut
trop réfléchir sur les conséquences d'un si
vaste projet , d'un ministère qui ne peut igno-
rer que Bamberg , Hambourg et Brême ,
appartenant , la première à son évêque , et
les deux autres à leur sénat , sont aussi peu
dangereux pour lui , qu'éventuellement redoutables dans les mains d'un prince dont le
gouvernement purement militaire , est déjà
d'une étendue gigantesque ; la Prusse, qui
par son intervention médiatrice , cherche à
circonvenir le gouvernement Français , et à
lui faire prendre le change sur le véritable
but du rôle politique dont elle s'est chargée;

la Prusse, elle-même, n'est qu'une amie de circonstances, uniquement occupée de son intérêt particulier, auquel elle rapporte exclusivement tout, et qu'il est rigoureusément indispensable de surveiller en tout. Il est mathématiquement vrai que la Suède et le Danemark, sur-tout, ne pourraient voir sans inquiétudes, Frédéric-Guillaume, s'ériger en puissance maritime. Après s'être emparé d'Hambourg, il ne tarderait pas à s'emparer aussi d'Altona, qui appartient au Danemark, et où il se fait, comme à Hambourg, dont elle est à une demi-portée de canon, un commerce maritime considérable.

Une fois maître du cours de *l'Elbe*, la fertilité du beau duché de Holstein, exciterait bientôt sa convoitise. L'inégalité des forces militaires du Danemark chercherait en vain à s'y opposer, à moins que la Russie n'intervînt. Quoique le but de la France paraisse être d'humilier, et de resserrer la maison d'Autriche, sous la protection de qui est Hambourg, quoique ville libre anséatique, sous une multitude de rapports commerciaux et politiques, ce serait la faute la plus grossière et la plus irréparable qui jamais aurait été faite en diplomatie. M. *Bernstoff*, premier ministre de Christian VII conjurera, sans doute , l'orage qui paraît vouloir obscurcir l'horison que sa sage expérience a su maintenir pur et tranquille au milieu des agitations de l'Europe.

L'Angleterre , par ses avantages sur la France , et par sa fierté naturelle, ne traitera pas , quoiqu'isolée , avec la même facilité qu'ont été et que seront obligées de le faire les puissances vaincues du continent. Son incontestable supériorité sur les mers ; la prodigieuse étendue de son commerce , qui s'est encore accru par la prise ou la dévastation de quelques isles Françaises ; l'état florissant des siennes en général ; l'envahissement de la majeure partie des possessions Hollandaises dans l'Inde , qui lui assure le commerce presque exclusif des épiceries en Europe ; la possibilité qu'elle a d'ajourner encore la paix à un an ou deux ; son amour bien connu pour son pays ; son attachement à la sagesse de sa constitution , que ne peuvent altérer les clameurs mensongeres des papiers de l'opposition ; la cession de quelques-unes de ses conquêtes qui pourroit éventuellement lui procurer de puissans alliés ; l'épuisement des finances de la République Française ; le délâbrement de sa marine ; sa disette d'amiraux expérimentés : toutes ces considérations doivent déterminer son gouvernement à proposer aux ennemis qu'il vainquit des conditions acceptables, pour que sa modération puisse, et doive, à bon droit, servir de boussole à ceux qu'il ne vainquit pas, et qu'il se flatteroit en vain de réduire promptement par sa coalition avec les Espagnols, les Hollandais, et même les Portugais ; quant à présent la France ne peut fonder de grandes espérances sur sa marine, et elle a tout à craindre de l'intrigue des cabinets de ses nouveaux alliés.

Une maxime consacrée par l'expérience de tous les tems, et dont l'inobservance a coûté l'Amérique Septentrionale à l'Angleterre, c'est que toujours *on perd son pouvoir quand on veut trop l'étendre.*

Si le gouvernement Francais la prend pour regle de sa pacification générale, elle sera prompte et sûre ; si au contraire il se livre trop à l'orgueil du triomphe, les prétentions exagérées auxquelles il pourra forcer ses ennemis de souscrire, lui susciteront secretement une guerre diplomatique, dont la tendance collusive sera l'affranchissement des abus de ses victoires, et s'il le faut encore un jour, une confédération contre laquelle les Français, instruits par le passé, ne seront peut-

être pas disposés alors à former ces colonnes
nombreuses auxquelles il n'est pas de famille
qui ne réclame , mais en vain , le précieux contingent que lui arracha bien moins le génie
de la Liberté , que la passiveté de l'oppression. (1)

Veille , O ! Minerve , sur les destinées de
la République ! Rasserene les esprits et les
cœurs , et pour qu'elle s'attache à ce nouvel
édifice, ne dis pas à la postérité , comment
s'en jetterent les premiers fondemens ; des-
seche cette mer de sang au milieu de laquelle
on les posa ; et raffermis - les par le double
pilotis des lois et de la vertu ; fais enfin que

-----

(1) Il y a quelque tems qu'il se fit la motion d'é-
lever , dans chaque ville , et commune , grande ou
petite de la France , une *colonne funéraire*, où seroient inscrits les noms des défenseurs de la patrie
de chacune d'elle, morts à son service. Bien des gens
ont regardé cette motion comme très-impolitique : si
d'un côté elle tend à leur décerner les honneurs
de l'apothéose , de l'autre elle tend aussi à rappel-
ler , à ceux qui les regrettent, ces paroles d'Enée
à Didon :

Infandum o ! regina jubes renovare dolorem.

L'économie prescriroit donc de n'en rien faire quand
la prudente nécessité de ne pas faciliter le dénom-
brement de ceux que moissonerent tous les fléaux
de la guerre ne le défendroit pas impérieusement.

des mains habiles et sages, lui ôtent la rudesse
de l'ébauche, et lui procurent par son heureuse
et noble simplicité, amour au dedans, et considération au dehors !

LOYAUTÉ, GÉNÉROSITÉ, telle doit être la
d evise de la République Française ; c'est en s'y
tenant fortement attachée que, par son courage
et ses lumieres, elle deviendra l'idole et l'amie
des peuples, dont elle causa la misere et l'effroi.

Toute la France invoque la paix à grands
cris, ses mandataires doivent donc s'en occuper sérieusement, et user avec ses ennemis du même désintéressement dont elle a
usé avec l'Espagne, de qui, pour mille raisons, il auroit été bien plus avantageux d'exiger les isles de Majorque et Minorque, que
la partie de celle de Saint-Domingue qui lui
appartenoit, si le gouvernement Français,
dans sa sagesse, n'avoit pas senti que l'achemi-
nement de ses armées à Madrid, qui ne per-
mettoit pas à l'Espagne de rien refuser, ne
devoit pas cependant lui faire trop exercer le
droit de la victoire à l'égard d'une puissance,
qui, *humainement parlant*, n'avoit pu se dispen-
ser d'accéder à la coalition.

Après avoir précédemment exposé une partie des avantages qui rendront vraisemblablement l'Angleterre moins accessible à la paix

que les autres puissances, l'esquisse de moyens conciliatoires et provocateurs d'une pacification générale et prompte, peut trouver ici sa place. Dussent les passions ou l'ignorance la frapper d'Anathême, elle n'en sera pas moins soumise à l'examen et au jugement des vrais amis de leur patrie, de ceux dont l'intime conviction est que les arts et le commerce peuvent seuls, sous l'influence bienfaisante d'une paix durable, effacer les traces hideuses qu'en France offrent par-tout encore la dévastation et la misere.

C'est pour se donner un gouvernement que la France a pris les armes; sa tâche est remplie, il ne s'agit donc plus que d'en bien établir les rapports politiques et commerciaux, et de les identifier par leur utilité respective avec ceux des autres puissances commerçantes de l'Europe.

Le systême invariable du cabinet d'Angleterre, le seul qui dirige les mouvemens de son grand ressort politique, c'est de maintenir, ou de donner à son commerce toute la latitude et la splendeur possibles. C'est en entretenant sa marine, ses manufactures et ses ateliers, dans l'activité la plus productive, qu'il verse une double aisance sur ses sujets, qui par la jouissance ou la disposition des

échanges

échanges de leurs exportations , multiplient les efforts de leur industrie , et se concentrent par-là dans un cercle de prospérité publique qui jamais n'échappe à l'œil de l'observateur voyageant dans la Grande-Bretagne en tems de paix.

Quel que soit *définitivement* le gouvernement de Hollande , une vérité irréfragable, c'est que la grande majorité de ses habitans est toujours pour le Stathoudérat. Les Français , mûs par des vues particulieres , lors de leur inversion, ayant cru devoir assistance et protection à quelques prédicans réformateurs à gages , quatre Provinces, qui peu auparavant avoient donné un pouvoir presque dictatorial au Stathouder, pour éviter les maux dont elles se croyoient menacées , s'engagerent à prendre la constitution Française pour modele de la leur ; mais qu'on rende ces bons et industrieux Bataves à eux mêmes, en en éloignant ce qui peut commander leurs suffrages et contraindre leurs affections , la France alors se convaincra que le vœu de la grande majorité des Provinces-Unies est toujours celui des trois Provinces de Zélande , Gueldres , et Frise , dont l'accession tardive et combattue à la Convention Nationale Batave , prouve bien moins l'assentiment que le succès de l'intrigue.

E

La prompte transportation en Angleterre d'une grande partie des richesses Hollandaises, quand cette république s'apperçut qu'elle ne pouvoit échapper au pouvoit des Français ; ses immenses et antiques rapports de commerce et d'amitié avec les Anglais; l'épuisement où l'a réduite la France; la perte *temporaire* (1) de ses îles, seule base de l'existence et de la prospérité d'une puissance maritime, qui, par l'infertilité de son sol est obligée de se procurer tout par ses échan-

- - - - - - - - - - - -

(1) On a entendu dire à des Anglais de considération et à portée d'être parfaitement instruits, » que l'Angleterre ne s'étoit emparée des possessions » Hollandaises que pour prévenir les Français, et » pour concourir plus efficacement, lors de la pacification générale, au rétablissement, ou à-peu-» près, du *statu quo antè bellum.* »

Si ce facile arrangement pouvoit concilier les in. térêts généraux, et triompher des passions particulieres, l'Europe à son tour seroit forcée d'accorder à la France le plus beau, le plus durable des triomphes, celui de la puissance et de la magnanimité : à sa voix se dissiperoit l'ouragan politique qui depuis long-tems ensanglante et ravage notre malheureux hémisphere, et le déchirement du crêpé funèbre qui l'obscurcit, laisseroit luire enfin ces jours purs et sereins que nous ravit le ferment odieux de la vengeance et de l'ambition.

ges commerciaux ; sa subite transition de l'é-
tat le plus brillant à la détresse la plus fâcheuse, seroient des causes suffisantes pour
lui pardonner le regret de son ancien régime,
quand il ne seroit pas constant encore qu'une
forme de gouvernement qui forceroit circons-
tanciellement, ou pour toujours, l'Angleterre à
renoncer à ses anciennes liaisons avec elle, seroit une pomme de discorde que pourroient
seules écraser les ruines de Rome ou de
Carthage.

Le mariage d'une princesse de Brunswick avec
l'héritier présomptif de la couronne d'Angleterre ; l'amitié fanatique du roi de Prusse pour
la princesse d'Orange sa sœur ; la politique
versatile et dangereuse de ce prince, sur la
foi de qui le gouvernement français ne doit
pas plus se reposer que n'ont pu le faire ses
anciens alliés, sont incontestablement autant
de considérations subsidiaires dont sa prudence
ne pourroit trop s'occuper, quand même par
quelque article secret additionnel de son traité
de paix avec lui, Frédéric-Guillaume se seroit formellement engagé à ne jamais intervenir dans le gouvernement de Hollande, pour-
vu que la France ne l'inquiétât pas sur l'extinction absolue de la Pologne ; ce qui seroit une clause plus qu'extraordinaire.

A un vaste pays que couvre une population immense , *signe non équivoque de son
antique prospérité*, ne s'adapte point le gouvernement républicain. Tous les publicistes à
cet égard sont parfaitement d'accord. Les an.
ciennes limites de la France auraient donc été
déjà trop reculées, pour le régime nouveau, si
les grandes lumieres qui y sont répanduesne
suppléoient à un inconvénient qui auroit été
regardé comme insurmontable dans un siecle
moins éclairé. En la laissant telle qu'elle étoit
en 1789 , ou n'ajoutant à son territoire que
ce qui peut en rendre la forme , et les li-
gnes de démarcation plus regulieres, on se
rapproche donc des vrais principes ; en s'en
éloignant, on multiplie les entraves intérieu-
res, on s'impose l'obligation de rester toujours en état de guerre; les traités de paix
alors ne sont que des armistices. Cette situa-
tion guerriere pouvoit bien convenir aux anciennes républiques qui ne s'étoient presque
instituées que pour conquérir , et dont l'a-
gitation étoit le principe de vie; mais pour
la France policée, commerçante, industrieuse,
le centre des connoissances humaines , placée sur le point le plus avantageux de l'Europe , l'adoption d'un pareil systême seroit le
signal avant-coureur de son retour à la bar-

barie. L'agriculture, les arts et le commerce ne prosperent qu'à l'ombre de la paix ; il faut donc éviter la guerre, ou ne plus s'occuper que de conquêtes, aussi ennemies de toute morale, que destructives de toute prospérité publique et particuliere.

Les états, dit le célebre Pasquier, ont également leur période de splendeur et de décadence. Ce seroit une bien coupable erreur si la France, après tant de triomphes, de sang, et de larmes, se trouvoit en derniere analyse au périgée de son existence politique, et de sa considération sociale.

Mais, dit encore la fougueuse ignorance, on doit affoiblir ses ennemis, les anéantir même si l'on peut. Quoique barbare et cruelle, cette maxime pourroit trouver des partisans, si leur affoiblissement absolu donnoit des forces à la nation victorieuse ; mais comme au contraire ce n'est que par la perte ou la division des siences propres que s'accroît et s'entretient leur affaissement, son intérêt alors est de ne pas les réduire à un état désespéré, sans quoi elle se prépare à elle - même une complication de maux politiques contre lesquels elle employeroit le secret des négociations d'autant plus inéficacement qu'elle se seroit attirée plus d'ennemis par l'inflexibilité de sa vengeance, ou l'intolérabilité de ses prétentions.

On ne croit pas que la réunion des Pays-Bas Autrichiens, la conquête et la disposition de quelques Provinces ou Cantons d'Italie, en faveur de la Sardaigne ou de la République de Venise, ou, si l'on veut encore, leur érection en République particulière, soient si essentiellement attachées à la sûreté politique de la France, pour qu'elle ne veuille consentir à une paix générale qu'à ces spoliatrices conditions. C'est en admettant, comme on l'a pensé, que l'Angleterre seule a allumé l'incendie qui dévore une partie de l'Europe depuis plusieurs années, qu'on doit admettre encore qu'elle fera un usage généreux et juste de l'avantage que lui menagea la fortune sur les Français et les Hollandais, pour que les conditions du traité de paix à faire avec l'Empereur, le seul allié qui lui soit resté fidelement attaché, ne lui donnent pas trop à regretter d'en avoir été un des plus puissans et des plus opiniâtres soutiens.

Il y auroit bien de l'impolitique à donner à la Prusse une trop grande prépondérance sur l'Empereur, à qui, comme chef de l'Empire par la constitution Germanique, il est peut-être sage d'opposer une force rivale pour

le contenir , mais aussi pas assez puissante
pour le renverser. Cette force rivale réside
dans la constitution Germanique elle-même
qu'il seroit absurde de vouloir altérer ou dé-
truire, parce qu'elle est la sauve-garde des
états des princes de l'Allemagne , qui sans
elle deviendroient la proie du puissant am-
bitieux qui voudroit en faire la conquête ,
ou en usurper la suprématie. Cette constitution est donc évidemment utile à la France,
parce que parmi ces différens princes elle peut
et doit par son commerce et ses relations politiques se faire des amis, qui par leur influence sur le chef de l'Empire , leur refus de
passage, et autres moyens , peuvent entraver
avec succès, et même empêcher une guerre
que voudroit éventuellement lui faire l'Empereur. La constitution Germanique au contraire une fois détruite, chacun de ses anciens
membres lui opposeroit une résistance inutile , le Nord deviendroit infailliblement , et
bientôt, l'arbitre du sort des états du Cou-
chant de l'Europe, et la France auroit à se
reprocher d'avoir bien moins fondé sa liberté,
que préparé l'esclavage des générations fu-
tures.

En supposant que la Russie vît aujourd'hui
avec indifférence cette subversion d'ordre po-

litique, ce songe de l'ambition de Frédéric-Guillaume seroit bientôt évanoui.

Catherine II , a 67 ans, et le Grand Duc son fils et son héritier [1] fut de tout tems reconnu pour zélé autrichien. A la mort de l'Impératrice s'éleveroit immanquablement une guerre dans laquelle seroit forcée, selon toute apparence , d'intervenir la France , qui attaquée en même - tems par l'Angleterre , se verroit exposée de nouveau à des embarras qu'elle peut prévoir et éviter.

Le futur Empereur a pour lui toute la haute Noblesse de ses vastes Etats ; elle est aussi nombreuse que riche et ouvertement mécontente de ce que Catherine ne s'est

____

(1) Depuis long - tems il devroit occuper le trône ; mais les dégrès ensanglantés , par lesquels Catehrine parvint à s'y asscoir, firent tant d'horreur à *Paul Petrovitch*, qu'il sanctionna cette usurpation par un acte rénonciatoire déposé au sénat, qui malgré ce qu'a pu faire de grand Catherine, sentira , à mesure que les lumieres s'étendront dans le Nord, que le *gouvernement Gynécocratique* dont l'immoralité , et la honteuse perspective du *favorat* lui firent prendre ou souffrir le goût, ne convient point à des hommes, quand celui qui doit légitimement gouverner est là ; autrement chaque changement de regne sera interverti et signalé par le fer ou le poison.

jamais

jamais entourée et servie que de parvenus ;
aussi sont-ils dédaignés des Grands , qui
par leur contingent proportionnel recrutent les
armées de l'Empire. Il peut aisément avoir
cinq cents mille hommes des meilleures troupes sur pied ; l'infanterie sur-tout. Quand la
noblesse est attachée à son souverain, au lieu
de fournir un pour cent de ses serfs, ce qui
est l'usage, elle en donne à proportion des
forces qu'il veut avoir ; ensorte que le nombre de ses soldats peut se regarder comme le
thermomètre de l'amour qu'on lui porte.
Ce n'est pas que comme souverain absolu il
ne puisse exiger ce que pourroit lui refuser
le dévouement ; mais il n'use que rarement de
son autorité à cet égard.

Des enthousiastes ignorans ne manqueront
pas de dire ; » mais que pourroient des soldats
» esclaves contre des soldats citoyens et li-
» bres ? » On leur répondra, avec grande con-
noissance de cause, que les dogmes religieux
de ce pays - là ont une si parfaite cohérence
avec les principes politiques de son gouvernement , purement militaire , que le soldat y
est un homme presque extraordinaire. Les
Suédois en 1709, et depuis ; les Prussiens en
1760 ; les Turcs, et les Polonois toujours
attestent par leurs défaites et leur sorte de dé-

F

pendance, la supériorité frappante du soldat Russe. Il est tel enfin que le pas rétrograde, ou en arriere n'entre pas même dans ses manœuvres. Charger en colonne, bayonnette horisontale est sa tactique ordinaire à l'ennemi, qui n'oppose pas toujours un bras aussi nerveux que le sien pour qui douze et quinze dégrés de froid ne sont pas ce qu'en sont ailleurs cinq ou six.

Il n'est rien de moins bien démontré que l'alliance offensive et défensive qui vient de se faire entre l'Espagne et la France, fasse recouvrer à celle-ci ce que lui a enlevé ou détruit l'Angleterre. L'espagne pourra bien fournir des piastres, mais elle procurera peu de victoires ; cette alliance peut donner à peine à la France le tems de remonter un peu sa marine dont les débris deviendroient, selon toute apparence, la proie des Anglais, si une confiance délirante en la fortune les faisoit exposer encore à ses caprices. Une guerre avec sa nouvelle alliée a toujours été regardée en Angleterre comme un moyen d'accroissement de richesse et non d'embarras. L'opinion, à cet égard, est fortement prononcée dans les plus basses classes de la population, sur-tout, et par conséquent alors les plus nécessaires.

Les rois , dit-on , n'ont pas de parens ; devant la raison d'état , s'évanouissent toutes considérations quelconques. Cela peut être vrai quelquefois ; mais le caractere Espagnol, pourroit offrir une exception à cet apophtegme, que plus d'une fois d'ailleurs l'histoire a démenti. Si l'Espagne étoit battue, ou menacée dans ses possessions inépuisables de l'Amérique, vraisemblablement elle entendroit facilement aux propositions conciliatrices de l'Angleterre, tant à cause de l'indifférence qu'elle porte , dit-on , encore à la France, et qu'elle croit fondée , que pour la conservation de propriétés que d'ici à plusieurs années celle-ci ne pourra protéger efficacement , puisqu'avant tout il faut qu'elle pense à la régénération des siennes propres que l'insurrection , l'affranchissement des nègres, l'impuissance, ou l'ineptie des agens du gouvernement ont plongé dans un état presque désespéré. Si elles succomboient totalement on pourroit se demander alors : les Pays-Bas , la Savoye, le Comté de Nice , etc. valent-ils mieux que ne valoient autrefois les isles Françaises ? On croit qu'il est inutile de repondre à cette question. Par l'immensité de sa population, et le sacrifice prodigieux qu'elle en a fait, la France a dû nécessairement vaincre le continent qu'il étoit bien moins utile d'asservir , qu'il n'étoit de son intérêt et de sa prosperité de maintenir ses possessions lointaines dans l'état de splendeur où elles étoient il y a dix ans , tant par l'actif entretien de sa marine, que par la réjection de ces indigestes principes philosophiques dont l'Angleterre a soudoyé, et fait provoquer l'adoption en France , parce que plus clairvoyante et plus réfléchie qu'elle , elle a prévu que l'extinction des siennes en seroit le ruineux résultat.

La liberté est , sans doute , le droit naturel et inaliénable de l'homme , mais cette liberté est-elle convenable à toutes les espèces d'hommes , à toutes leurs destinations et à tous les climats , indistinctement? Oui, sans doute , si les nations policées de l'Europe s'étaient resserrées entre elles , et que chaque point du globe eût été exclusivement cultivé , habité et gouverné par ses indigènes, ce qui serait peut-être une justice ; mais après avoir consacré le contraire il serait trop tard de revenir sur ses pas ; car alors peu de commerce, peu de débouchés pour les manufactures et les arts , plus de Colons Européens , plus de Colonies, et plus ou peu de Marine; mais beaucoup de privations de denrées utiles et agréables , que leur usage a fait dégénérer en besoins absolus. Traiter les nègres en hommes, puisqu'ils en sont, les attacher à la culture et à soi-même, par une police douce, un travail modéré, par une nourriture simple, mais bonne et abondante, par la suppression de ces coups de fouet, dont l'idée seule attriste l'ame sensible, par des Lois sévères à l'égard des Colons Français, dont l'avarice ou la dureté, enfreindraient les réglemens faits uniquement pour les Isles et les noirs ; par le choix d'un gouverneur probre, incorruptible, et d'un tribunal de cinq membres, où seraient portées et jugées, sans aucuns frais, les plaintes de tous les individus de la colonie, noirs et blancs. Tels pourraient être les moyens de suppléer à une liberté effective, dont la proclamation indiscrète et prématurée, a fait égorger, ruiner plusieurs milliers de Colons Français, et a mis les Isles dans un état d'inculture et de dévastation presque irréparable ; état dont les ennemis de la France s'applaudissent aujourd'hui, parce qu'il est originairement l'ouvrage du rafinement de leur politique, comme il est l'effet de l'inhabilité de la sienne.

Quant à l'égalité, mot abstrait, qui faute d'avoir été suffisamment expliqué au peuple, a produit tant de crimes et causé tant de maux , une grande partie , *sait et sent au-jourd'hui* qu'elle est une chimere dans la hiérarchie civile. Pour le riche et le pauvre, le philosophe et l'ignorant , la Loi doit être la même ; rien de plus juste , de plus incontestable ; elle est applicable à tous, sans distinction , ni modification quelconque ; mais que le remouleur pense être l'égal d'un membre du directoire , et le pâtre , celui *de la Harpe* ; il faut avoir bien connu l'inconséquence futile , et bien compté sur la légereté indélébile de l'esprit français, pour avoir mis en avant une maxime aussi palpablement erronée, qu'expérimentalement perturbatrice du repos , et subversive de l'ordre social. En vain des anarchistes essaieraient de l'introduire en Angleterre , pour la volcaniser comme la France ; le piége serait détendu par l'attachement réel des Anglais à leur pays et leur constitution, qui , quoique formée au milieu d'un cahos de troubles , est celle de tous les peuples policés , qu^i offre cependant le moins d'imperfections , e^t fixe le plus, leur admiration. L'Anglais , pour un observateur , porte réellement l'empreinte de sa liberté sur sa physionomie , et jusques dans l'ensemble de ses mouvemens ;

elle donne au plus foible , une sorte d'é-
nergie , de patriotisme qu'on ne peut lui
contester ; mais pour cela , il est loin d'admettre la chimere de l'égalité. Il n'y a point
de pays , au contraire , où la démarcation des
rangs , dans tous les ordres de l'état , civils
et militaires , soit plus scrupuleusement ob-
servée ; les mots *subordination* , *respect*, sont
très-familiers au peuple. Quand il y manque,
ce qui est rare , le délinquant est puni aux
termes de la Loi , qui a tout prévu ; aussi
ne murmure-t-il pas. On la lui lit avant d'en
faire l'application , quand même il déclare-
rait la connaître , et s'y soumettre sans ré-
clamation. Cette Constitution , ouvrage de
la sagesse et de la profondeur , durera encore long-tems ; tandis que si les passions ,
ou l'extravagance en avaient jetté les fondemens , il se serait ébrarlé sans cesse , aurait fini par crouler , et replonger la Grande-
Bretagne dans des agitations intestines dont
l'exemple de la France suffirait peut-être pour
en altérer le germe , s'il existait dans quelques cerveaux exaltés et brouillons ; qu'au
surplus , la Loi salutairement réprimante ,
sait au besoin punir ou diviser , comme cela
est déjà arrivé.

A quoi serviront tant de victoires à la

France , si son gouvernement ajourne encore indéfiniment la paix avec sa rivale ? S'il
ne protège pas utilement la réédification des
habitations de ses Colonies , s'il ne s'occupe
sérieusement du relévement de son commerce avec elles , de la récréation de sa
marine , de l'affermissement de ses allian-
ces , de l'unité de ses rapports politiques ,
de l'ordre dans ses finances , du soulage-
ment des peuples , enfin de l'élague-
ment de ces administrations voraces , en-
gloutissantes , dont le luxe insolent insulte
chaque jour à la misère des citoyens ver-
tueux , que le fer , *le maximum* , et mille
autres accidens révolutionnaires , réduisirent
à la plus profonde détresse ? A rien , sinon
qu'à rendre incertain et mobile l'amour des
Français pour un gouvernement, qui doit
tout sacrifier à sa stabilité , parce que de
cet amour , facile à fixer, dépendent sa propre conservation et la tranquillité publique.
Il a combattu seulement pour la République ;
elle est fondée et reconnue ; il a déclaré ne
point vouloir conquérir , ni s'immiscer dans
le gouvernement de ses voisins ; qu'il porte
plus de respect à sa parole , que de con_
fiance encore en ses victoires, et toutes dif_
ficultés disparaîtront devant la grandeur de

son

son désintéressement. Les articles de conciliation générale s'offriront, pour ainsi dire, d'eux-mêmes, et se placeront d'autant plus facilement, que la sagesse et la simplicité, en auront préparé la classification.

Le statu quo antè bellum, à peu-près, paraît donc être le seul *palladium* d'une paix prompte et durable, d'une paix dont tous les belligérans ont un grand besoin, même les vainqueurs. Que le gouvernement Français y mette du sien, et sans doute, les Anglais y mettront du leur. Que sa générosité et sa puissance jettent un regard protecteur sur cette belle et vaste Pologne : sans lui elle n'est plus ; de lui seul dépend son salut. Ses principes, auxquels la victoire attacha le sceau de l'immortalité, ses intérêts, sa tranquillité, la gloire nationale, et la sienne propre, sollicitent en faveur de ces malheureux Polonais, qui armés, secourus et combattans enfin pour devenir libres, reprendraient leurs anciennes vertus guerrieres, et prouveraient qu'un peuple qui se lève en masse contre l'oppression d'un joug étranger, sur-tout, retrouve ses droits et sa liberté au fond du tombeau, que lui creusent, inévitablement, son désespoir et sa valeur.

G

Si , contre toute opinion raisonnable , l'Angleterre croyait se rembourser des sommes énormes que lui a coûté la guerre , par des prétentions inacceptables sur ses conquêtes en Amérique ou dans l'Inde , prétentions auxquelles , pour dissiper les nuages et terrasser la malveillance , il serait du devoir du gouvernement de donner la plus grande publicité , ce serait alors que la gloire du nom Français lui imposerait de ne plus traiter que dans Londres même. Une nation agricole , placée comme l'est la France , a de si immenses ressources , que dût son commerce maritime être gêné ou suspendu tout le tems qu'exigerait la formation d'une marine formidable , il faudrait en avoir la magnanime patience , et réduire ensuite à jamais l'orgueilleux insulaire , qui aurait provoqué et justement encouru la vengeance d'un peuple puissant et généreux , dont le glaive n'est jamais plus redoutable , qu'alors qu'on le force de quitter l'ombre bienfaisante de l'olivier , pour aller à de nouveaux combats , et rapporter de nouveaux lauriers.

F I N.

Erratum. page **4** , lig. **10** , fondra , *lisez* fonda.

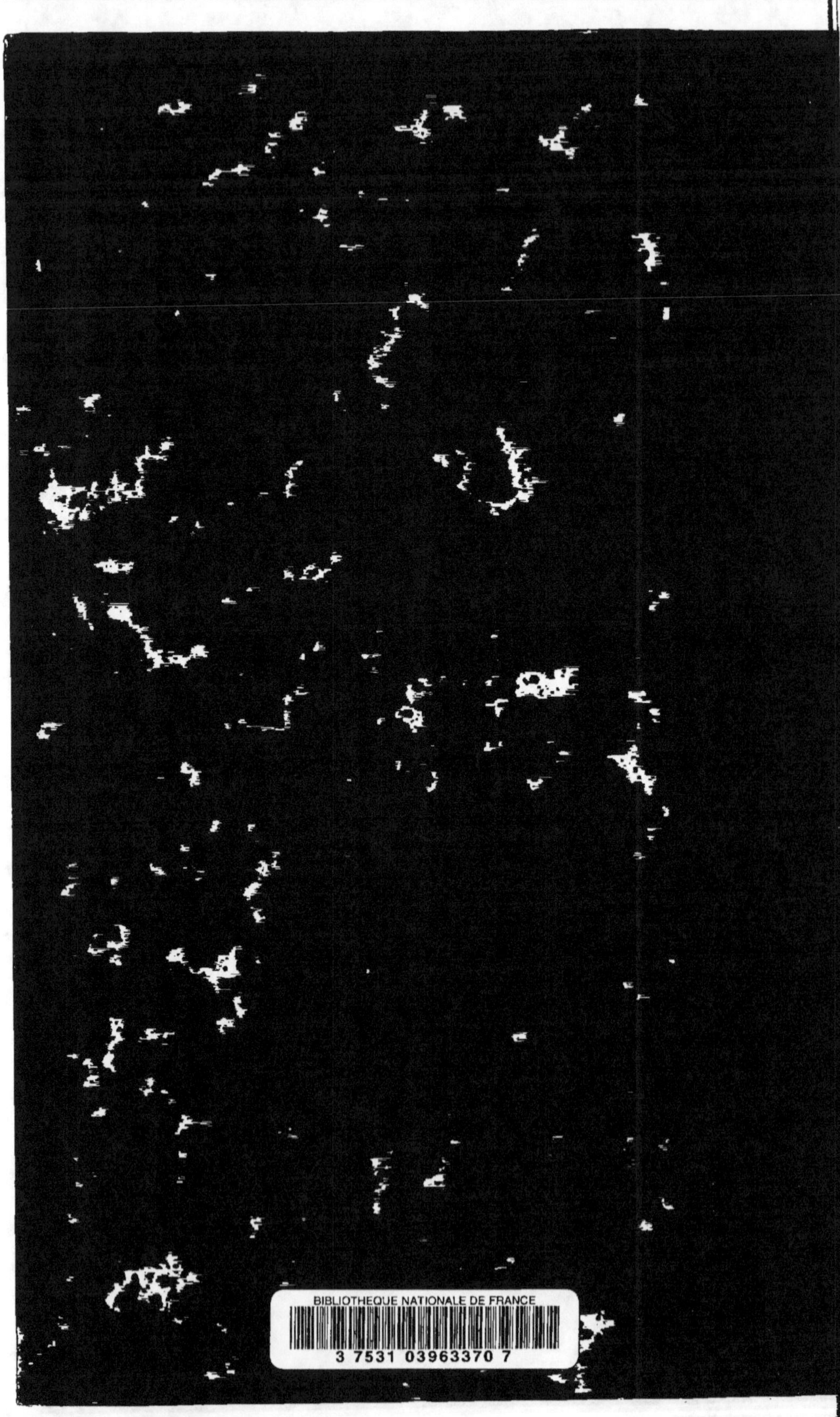